уночі. Світ був прекрасним, але все ще не було жодних створінь. На п'ятий день Бог створив істот, щоб вони жили в морі, на небі та на суші. На шостий день Бог вирішив створити тварин, щоб піклуватися про всіх і про світ, який Він створив.

Бог зробив людей за образом і подобою Своєю і вдихнув у них життя. Це були Адам і Єва. Зрештою на сьомий день Бог вирішив, що все ідеально, і оголосив цей день – днем відпочинку.

СИЛА:

Бог сповнений сили та творчості. Він створив світ і вирішив, що він ідеальний, бо все працює разом, тому ми повинні дбати про цей чудовий світ, який створив Господь.

God decided to create the sky and placed the Sun, the moon, and the stars that sparkle at night, and the world was beautiful, but there were still no creatures living in the world. So, on the fifth day, God made creatures to live in the sea, in the sky, and on land. On the sixth day, God decided to create an animal to take care of all the creatures, and the world that He had made.

God made humans in the image of himself and breathed life into them. This was Adam and Eve. Finally, on the seventh day, God decided that everything was perfect, and declared the seventh day to be a day of rest.

LESSON:

The Lord is full of power and creativity. He created the world and decided that it is beautiful and perfect, where everything works together. That's why we have to take care of this wonderful world that the Lord has created.

АДАМ І ЄВА

Adam and Eve

Буття 2-3

Бог створив Адама і Єву з любов'ю, тому помістив їх у сад з усіма видами дерев та рослин зі смачними плодами. Господь наказав, що вони можуть їсти будь-які фрукти з дерев у саду, крім одного. Вони не мають їсти плодів з дерева пізнання добра і зла.

Одного разу з'явилася розумна і хитра тварина – змій, який обманом змусив Єву з'їсти плід з дерева. Єва з'їла плід і поділилася з Адамом. Їм було соромно, адже вони не послухали Бога, тому вирішили сховатися. Дізнавшись про їх вчинок, Господь був розчарований і сумний. Він мусив покарати змія, Адама та Єву.

СИЛА:
Господь хоче лише найкращого для нас. Тому ми маємо дослухатися до того, що говорить Бог. Якщо ми розчаруємо Господа, ми понесемо за це відповідне покарання.

Genesis 2-3

God created Adam and Eve and loved them so much that He placed them in a garden where all sorts of trees and plants that bore delicious fruit and were beautiful were placed. God told them that they may eat any of the fruits from the trees in the garden except for one. They must not eat the fruit of the tree of the knowledge of good and evil in the middle of the garden.

One day, there was a clever and cunning animal called a serpent, that tricked Eve into eating the fruit from the tree. Eve ate the fruit and shared some with Adam. Then, their eyes were opened to all things good and evil. Adam and Eve were ashamed that they disobeyed God, so they hid from the Lord. God found out about what they had done and was disappointed and sad. Because of what they had done, the Lord had to punish the serpent, Adam, and Eve.

LESSON:
The Lord only wants what is best for us. That's why we should listen and obey to what God says. If we do not, we will become ashamed and disappoint the Lord, and then, we will be punished.

BIBLE

STORIES FOR CHILDREN IN

UKRAINIAN

www.RaisingBilingualChildren.com

ІСТОРІЯ СТВОРЕННЯ. НАЧАЛО

The Story of Creation

Буття 1

Багато років тому світ був у суцільній темряві. “Хай буде світло”, - сказав Бог, і стало світло. Це перше з усього, що Господь створив для світу. Згодом Він відділив світло від темряви.

На другий день Він створив горизонт і назвав блакить над водою небом. На третій день Господь створив різні форми землі та води: долини, гори й пагорби, а також океани, озера й річки. На землі Він створив квіти, рослини та дерева. На четвертий день Бог вирішив спроєктувати небо і розмістив Сонце, а також місяць і зірки, які сяють

Genesis 1

A very long time ago, the world had no form and was empty. “Let there be light.” The Lord spoke, and there was light. This is the first of all the things that the Lord created for the world. Then, He separated the light from darkness.

On the second day, He created the horizon and called the blueness above the water, the sky. On the third day, the Lord created the different forms of land and water- the valleys, mountain, and hills, along with the oceans, lakes, and rivers. On the land, He placed all the pretty flowers, plants, and trees! On the fourth day,

ВАВИЛОНСЬКА ВЕЖА

The Tower of Babel

Буття 11

Після великого потопу, коли лив дощ протягом 40 днів і 40 ночей, Ной і його сім'я оселилися в місті під назвою Вавилон.

Тут, у Вавилоні, роки за роками, покоління за поколіннями, люди зростали так, як того хотів Бог. Але зростала і гордість людей, і вони бажали більшого – бути рівними Богу. Тому, вони вирішили побудувати високу вежу, щоб вона сягнула Неба і Бога.

Протягом цього часу всі говорили однією мовою і розуміли один одного. Щоб покарати їхню зарозумілість, Бог розділив їх, змусивши говорити різними мовами. Через це вони не змогли добудувати вежу і розсіялися по всій землі.

СИЛА:
Ми повинні ставитися до Господа з повагою і не бути зверхніми та зарозумілими.

Genesis 11

After the big flood that rained for 40 days and 40 nights, Noah and his family settled in a place called Babylon.

Here in Babylon, after years and years, generation after generation, the people grew in numbers just as God wanted. However, the people's pride grew, and they wanted more - to be God's equal. So, they decided to build a tower so high that it would reach Heaven and God.

During that time, everyone spoke the same language, and understood one another completely. To punish their ego and arrogance, God divided them by making them speak different languages. Because of this, they could not complete the tower and became scattered throughout the earth.

LESSON:
We should treat the Lord with respect and not be prideful.

ІСТОРІЯ МОЙСЕЯ

The Story of Moses

Вихід 2-13

Одного разу Мойсей пас отару овець, коли Господь явився йому у вигляді палаючого куща, заговорив і наказав Мойсею передати повідомлення для Нього. Мойсей повинен був відправитися в Єгипет і сказати фараону звільнити всіх євреїв.

Мойсей боявся виконувати наказ Бога, бо був простим чоловіком. Він не вірив у свої сили. Однак Господь показав йому маленьке чудо. Коли Мойсей кинув свою палицю на землю, вона перетворилася на змія! Проте як тільки він підняв її – палиця знову перетворилася на посох. Господь пообіцяв Мойсею, що Він буде з ним і робитиме чудеса, щоб допомогти йому.

З вірою Мойсей пішов до Єгипту і звільнив євреїв. Господь навіть послав десять кар до Єгипту як попередження. Бог також дав десять заповідей Мойсею, коли він вів свій народ пустелею.

СИЛА:

Господь вірний своїм обіцянкам і рішенням. Якщо Він вірить, що ви здатні це зробити, і закликає вас до цього – ви не можете сумніватися в своїх силах. Вір, і ти зможеш усе здолати.

Exodus 2-13

One day, while Moses was tending to his sheep, the Lord appeared to him in the form of a burning bush. From the burning bush, the Lord spoke and commanded Moses to deliver a message for Him. Moses had to go to Egypt and tell the Pharaoh to set the Hebrews free.

Moses was afraid to do the Lord's command because he was just a simple man. He did not believe in his abilities and doubted himself. However, the Lord showed him a small miracle, when Moses threw his staff to the ground, it became a serpent! But once he picked it up again, it turned back into a staff. The Lord promised Moses that He would be with him and perform miracles to help Moses convince the Pharaoh.

With faith, Moses went to Egypt and succeeded in freeing the Hebrews. The Lord even sent ten plagues to Egypt as a warning. God also gave the Ten Commandments to Moses as he was leading his people through the desert.

LESSON:

The Lord is faithful towards His promises and decisions. If He believes that you can do it and calls upon you to do it, then, that means that you are capable and that you should not doubt yourself. Believe and have faith, and you will be able to move mountains.

НОЇВ КОВЧЕГ

Noah and the Ark

Буття 6-9

Багато років тому жив чоловік на ім'я Ной. У нього були дружина і троє синів, яких звали Сим, Хам і Яфет. Кожен з його синів мав дружину, тож їх у родині було восьмеро.

Одного разу Бог явився Ною і наказав йому побудувати ковчег. Ковчег був величезним кораблем. Господь сказав зробити його висотою в три поверхи і розмістити в ньому кімнати для Ноя, його родини, тварин і їхньої їжі. Бог наказав Ною переконатися, щоб вода не могла потрапити в ковчег, тому що Він збирається наслати великий потоп. Багато часу тривало будівництво ковчега, але після багатьох років зусиль він був готовий.

Тепер Бог сказав Ною принести тварин у ковчег, пару тварин – самця та самку, тварин і птахів по сім кожного виду. Двері ковчега закрилися і 40 днів та 40 ночей лив дощ – Ной та його родина чекали. Щоб знайти землю Ной послав голуба, але все ще було у вкрито водою. Через тиждень Ной знову послав голуба – цього разу він повернувся зі свіжим оливковим листом.

Згодом вони натрапили на суходіл – Ной з обраними тваринами вийшли з ковчега і побачили веселку, її показав Господь. Веселка була Божою обіцянкою Ною, що Він ніколи більше не затопить землю.

СИЛА:

Коли здається, що ваше життя не має ніякого сенсу – не переживайте - Господь вірний і справедливий. Все про що Він вас просить, тільки для вашого блага. Довірся Богу і, подібно Ною, ти будеш на борту свого ковчега, далеко від небезпеки.

Genesis 6-9

A very long time ago, there was a man named Noah. He had a wife and three sons who were named Shem, Ham, and Japheth. Each of his sons had a wife, and so there were eight of them in the family.

One day, God came to Noah and told him to build an ark. The ark was a really huge ship. God said to make it three floors high and to put rooms in it for Noah, his family, the animals, and for their food. God had instructed Noah to make sure that no water would be able to enter the ark because He was going to send a great flood. It took a long time to build the ark because of its size, but after many years of effort, it was completed.

Now, God told Noah to bring animals into the ark, a pair of some animals, a male and a female. While for other animals and birds, God told Noah to bring seven of each kind. For 40 days and 40 nights, it rained. While Noah and his family waited on the ark, Noah sent out a dove to look for land, but it could not find any! After a week had passed, Noah once again sent the dove out, but this time, it came back with a fresh olive leaf.

Then, when they finally came across dry land, Noah came out of the ark along with the animals that he brought with him, and the Lord showed Noah a rain-bow. The rainbow was God's promise to Noah that He would never flood the earth like that again.

LESSON:

Even if some things do not make sense, do not worry. The Lord is faithful and just, and He knows that what He is asking of you is only for your own good. Trust in the Lord, and just like Noah, you will be aboard your own ark, away from danger.

ДАВИД І ГОЛІАФ

David and Goliath

1 Самуїла 17

Колись в Ізраїлі був цар на ім'я Саул. Цар Саул став гордовитим та зарозумілим, чим розгнівив Бога. Оскільки він згрішив, Господь наказав своєму слузі Самуїлу знайти іншого чоловіка, щоб той став царем Ізраїлю. Самуїл послухався Господа і одного дня натрапив на дім чоловіка – Джессі, який виростив (виховував) вісім синів.

Джессі показав Самуїлу своїх сильних і дужих синів, але Господь не бачив з-поміж цих семи царя. Самуїл допитувався у Джессі чи є у нього ще сини? І, зрештою йому показали молодшого сина – Давида, який був скромним простим пастухом і аж ніяк не схожим на воїна. Проте Давид мав таку сильну віру в Бога, що Він обрав його стати царем Ізраїлю.

У цей час тривала війна між філістимлянами та ізраїльтянами. Серед філістимлян був могутній велетень на ім'я Голіаф, який кидав виклик будь-кому з Ізраїлю, щоб той спробував перемогти його. Нікому ще не вдавалося побороти гіганта.

Давид дізнався від своїх братів про виклик Голіафа. Давид був упевнений у собі, і сказав цареві Саулу, що він битиметься з Голіафом. Коли Саул почув ці сміливі слова, він дав Давидові свій меч і одягнув на нього шолом та обладунок. Але уся бойова одежа була заважкою для малого Давида, тож він повернув її Саулові. Маючи віру в Бога, Давид вибрав собі п'ять гладеньких камінців. Один поклав у пращу і так пішов воювати з Голіафом. Він випустив камінець із пращі і поцілив Голіафові між очі. Велет упав лицем до землі. Давид підбіг до

1 Samuel 17

There used to be a king in Israel named King Saul. King Saul was a prideful and arrogant man who sinned against God. Because he had sinned against the Lord, the Lord rejected him as king. Then, the Lord asked his servant Samuel to find another man to become the king of Israel. Samuel obeyed the Lord and one day, stumbled upon the home of a man named Jesse who fathered eight sons.

Jesse showed Samuel, seven of his sons. Seven sons who had strength and ability. The Lord had not chosen a king among the seven, so, Samuel asked Jesse if he had any other sons, until finally, David was shown to Samuel. Jesse's youngest son, David, was just a humble shepherd, and not a warrior. But because David's faith, the Lord chose to anoint him as the future king of Israel.

During this time, there was a huge war between the Philistines and the Israelites. Among the Philistines, there was a mighty giant named Goliath. Goliath challenged anyone from Israel to try and defeat him, However, none succeeded, and even more were afraid.

One day, David overheard his brothers talking about Goliath's challenge. David was confident in himself, and so he told King Saul that he would fight Goliath. David had no experience fighting, but King Saul agreed to let him take the challenge. David was given armor and weapons. However, because David was not used to wearing armor, he decided to wear his usual clothes and also took his slingshot. With his

нього, схопив меч Голіафа і стяв йому голову. Голіаф був переможений. Філістимляни, побачивши, що їхнього велетня Голіафа подолав малий хлопчина, взялися навтьоки. А вояки ізраїльської армії були в захоплені від того, як Давид з Божою допомогою знищив Голіафа. Тепер Давид став славетним героєм Ізраїля.

СИЛА:

Якщо ми помічаємо в людини сильні м'язи і силу десяти чоловіків, то Господь бачить силу людини в її серці. Завдяки вірі, Давид переміг Голіафа лише одним каменем. Поки ми віримо, ми також зможемо здолати велетнів на своєму шляху.

faith in the Lord, David, chose only one stone to use with his slingshot. David hit Goliath in the head, and Goliath was defeated instantly. When the Philistines heard that their champion was gone, they tried to run away, but it was too late. The army of Israel had claimed their victory and captured the Philistines.

LESSON:

Even though we see other people having muscles of steel, and the strength of ten men, the Lord sees the strength of a person based on their heart. Because of David's faith, he was able to defeat Goliath with just one stone. As long as we have faith, we will also be able to defeat the Goliaths in our lives.

ДАНИЇЛ У ЛЕВ'ЯЧІЙ ЯМІ

Daniel in the Lion's Den

Даниїла 6

У Єрусалимі тепер царює Дарій. У Дарія було багато радників, і одним з них був чесний та працьовитий чоловік на ім'я Даниїл. Дарій настановляє Даниїла управителем над усім своїм царством. Інші урядники почали заздрити Даниїлу, тому вони розробили план, як позбутися його. Вони запропонували Дарію прийняти новий закон, який дозволяв поклонятися лише царю, а тих, хто не підкориться – кинути і згодувати левам.

Дарій не знав, чому вони домагаються такого закону, але йому сподобалась така думка, й він ухвалює цей закон. Проте закон змінити не можна. Даниїл, довідавшись про це, іде додому й перед відчиненим вікном став на коліна і почав молитись до Єгови так, як робив це завжди. Ті погані чоловіки знали, що Даниїл не перестане молитись. Вони радіють тому, що, здається, їхній план позбутись Даниїла матиме успіх. Коли цар Дарій дізнався, чому вони хотіли видати цей закон, то дуже засумував. Але він не може змінити його, отже мусить розпорядитись, щоб Даниїла вкинули до лев'ячої ями. Цар побажав Даниїлові: "Нехай Бог твій, якому ти служиш, врятує тебе". Дарій дуже розтривожився й не міг спати тієї ночі.

Наступного ранку він поспішив до лев'ячої ями. Ти можеш бачити його на цьому малюнку. Він кличе: "Даниїле, слуга живого Бога! Чи Бог, якому ти служиш, міг урятувати тебе від левів?" Даниїл каже: "Бог послав свого ангела, і позакривав пащі левам, так що вони не нашкодили мені". Цар дуже радіє. Він наказує витягнути Даниїла з ями. Тоді він повелів, щоб тих поганих чоловіків, які старались убити Даниїла, вкинули до левів. А вони не досягнули ще до дна ями, як леви похапали їх і поторощили всі їхні кості. Тоді цар Дарій наказує всім людям свого царства: "Нехай кожен шанує Даниїлового Бога. Він чинить великі чудеса. Він урятував Даниїла від левів, вони не з'їли його".

СИЛА:

Якщо ми залишаємося вірними Господу, Він залишиться вірним нам. Бог не порушує Своїх обіцянок, і Він врятує нас від глибин відчаю та небезпеки.

Daniel 6

There used to be a king in Jerusalem named Darius. Darius had many advisors, and one of them was named Daniel. Daniel was a very honest and hardworking man who believed in God and followed the Lord's commands. The other advisors did not like Daniel, so they set up a plan to get rid of him. They advised King Darius to make a new law that only allowed worship of the king, and whoever did not obey would be thrown and fed to the lions.

King Darius listened to their advice and put the law in place. Daniel understood what this law meant, however, he continued being faithful to the Lord and prayed three times a day with his windows open for everyone to see. When the other advisers saw this, they brought him to King Darius, and the king was devastated because he favored Daniel. Nevertheless, the king knew he could not change the law, so he placed Daniel in the lion's den. The den was sealed with a big stone. But King Darius was so worried about Daniel that he could not sleep.

The next morning, when the king woke up, he quickly ran to the den and called out for Daniel. Instead of hearing the lion's roar, he heard Daniel's voice. Daniel told the King, "God saved me by sending an angel. The angel shut the mouths of the lions and so the lions did not hurt me at all!" King Darius happily took Daniel in and punished the evil advisers for tricking him. The king ended the law and decided to teach his kingdom about God's power and goodness.

LESSON:

If we remain faithful to the Lord, the Lord will remain faithful in us. Do not lose heart when things seem to go against you. The Lord does not break his promises, and He will save you from the depths of despair and danger.

КОРОЛЕВА ЕСТЕР

Queen Esther

Естер 2-4

У Персії правив король на ім'я Ксеркс. Йому належали багато земель, включаючи землі євреїв. Став Ксеркс шукати собі дружину, і хотів він обрати для себе найвродливішу. Нею виявилася дуже красива жінка на ім'я Естер. Король Ксеркс і Естер зрештою закохалися і одружилися. Естер стала королевою, але у неї був один секрет: вона насправді була єврейкою!

Перські королі вважалися богами, і тому Ксеркс не любив євреїв. Мордехай, прийомний батько Естер, повідомив їй, що права рука Ксеркса, радник короля Гаман хоче вбити всіх євреїв, тому Мордехай попросив допомоги в Естер, щоб врятувати єврейський народ. Естер боялася, що Ксеркс завдасть їй шкоди, якщо дізнається про її походження, але все одно ризикнула і влаштувала бенкет. Естер покірно попросила царя Ксеркса пощадити її народ, і король із задоволенням погодився. Завдяки ризику королеви Естер, євреї були врятовані, а Гаман був покараний.

СИЛА:

Через сміливість Естер, Бог допоміг їй врятувати євреїв. Історія Естер вчить нас бути відважними і продовжувати боротися, бо Господь буде з нами, особливо коли ми просимо Його допомоги.

Esther 2-4

In the land of Persia, there was a king named Xerxes. King Xerxes ruled over many lands including the lands of the Hebrews. Now, King Xerxes was searching for a wife, and set before him, were many fine women. One of them was a very beautiful woman named Esther. King Xerxes and Esther eventually fell in love and married, turning Esther into the Queen. However, Esther had a secret. She was actually a Hebrew!

Persian Kings were seen as Gods, and because of this, King Xerxes disliked the Hebrews. Mordecai, Esther's adopted father, informed Queen Esther that the King's right-hand man, Haman, wanted to kill all the Hebrews, so he asked for Esther's help to save them. Queen Esther was scared that the king would hurt her if he knew her true roots, but she took the risk anyway and prepared a feast. Esther humbly asked King Xerxes to spare her people, and the king gladly agreed. Because of Queen Esther's risk, the Hebrews were saved and Haman was punished.

LESSON:

Because of Esther's courage God used her to save the Jews. Esther's story teaches us to be brave. Even if things seem to be very scary and dangerous, when you fight for what is right, then the Lord will be with you, especially when you ask Him for help.

НАРОДЖЕННЯ ІСУСА ХРИСТА

The Birth of Jesus Christ

Матвія 1 і Луки 2

У місті, що називається Назарет, жила жінка на ім'я Марія. Вона була невинна, чиста, і поклонялася Господу. Вона мала вийти заміж за Йосипа, який походив із роду царя Давида.

Одного дня ангел Господній на ім'я Гавриїл прийшов сповістити Марію та Йосипа, що Марія була обрана народити Сина Божого. Вони прийняли покликання Марії і відправилися до Віфлеєму.

Прибувши, подвір'я і будинки Віфлеєму були переповнені гостями. Переночувати було ніде, тому Йосип із Марією та інші мандрівники приютилися у печері, в яку на ніч пастухи заганяли свої отари овець. У ніч пророкування виповнилося, і Пресвята Діва Марія народила немовля – Ісуса, Сина Божого і Сина Людського.

Вона поклала Його на ясла як ліжко. Як і було пророчено, Спаситель народився у Віфлеємі від незайманої дівчини.

СИЛА:
Це був скромний початок шляху Ісуса, Сина Божого і Сина Людського. Ісус не народився в розкішному будинку з гарним ліжком чи м'якою ковдрою – Він народився в стайні. Усі Божі обіцянки здійсняться так, як здійснилися пророцтва про народження Сина Божого Ісуса.

Matthew 1 and Luke 2

In a town called Nazareth, there was a woman named Mary. Mary was innocent and pure, and she adored the Lord. She was about to marry a man named Joseph.

One day, an angel of the Lord named Gabriel came to inform Mary and Joseph that Mary had been chosen to bear the son of God. They accepted Mary's calling and proceeded to go to Bethlehem.

However, when they reached Bethlehem, there were no rooms or lodges that were available, so they had no choice but to stay in a stable where Mary had Jesus.

She placed him on a manger as his bed. Just as it was prophesized, the Savior was born in Bethlehem from a virgin.

LESSON:
This was the humble beginning of Jesus, the son of God, and the Son of Man. Jesus wasn't born in a luxurious house with a beautiful bed or a soft blanket, but He was born at a stable and was set on a manger. All of God's promises will be fulfilled just as the prophecies of Jesus' birth came to pass.

ІСТОРІЯ ІВАНА ХРЕСТИТЕЛЯ

The Story of John the Baptist

Луки 3

Праведна Єлисавета була матір'ю Івана Хрестителя. Ангел Господній прийшов до її чоловіка Захарія і сказав, що син його буде благословенний Святим Духом з моменту свого народження і буде носити ім'я "Іван".

Єлисавета і Захарій послухалися Господа і зробили так, як сказав їм ангел. Іван виріс, щоб проповідувати, навчати та хрестити людей, і з Святим Духом у ньому він навчав людей каятися у своїх гріхах.

Одного разу Ісус прийшов до Івана і попросив його охреститися. Тоді ж світло Боже засяяло над Ісусом у вигляді голуба і відлунювало: "Це мій син, якого я люблю".

СИЛА:
Коли ми дослухаємося до Божих заповідей і виконаємо їх, ми віднайдемо справжню радість і ціль нашу.

Luke 3

There was an old woman named Elizabeth, and although it was very unusual, she became pregnant at her old age and became the mother of John the Baptist. An angel of the Lord came to her husband, Zechariah. The angel told Zechariah that John would be blessed with the Holy Spirit from the moment he is born, and was to bear the name "John".

Elizabeth and Zechariah obeyed the Lord and did as the angel told them. John grew up to preach, teach, and baptize people, and with the Holy Spirit in him, he taught the people about repenting from their sins.

One day, Jesus went to John and asked to be baptized. This is when the light of God shined upon Jesus in the form of a dove and echoed "This is My son, whom I love."

LESSON:
When we obey and follow the Lord's commands, we will find genuine joy and purpose. Just like the life of John, our lives have a greater and deeper meaning and purpose that only the Lord can show us.

ЧУДЕСНЕ НАГОДУВАННЯ 5000 ЛЮДЕЙ

Jesus Feeds 5000

Марка 6

Одного дня, Ісус і його учні йшли до тихого місця, щоб трохи відпочити. Учні відправляються на човні в тихе місце, проте виходить все навпаки. Як тільки вони добралися до берега, там на них уже очікував великий натовп людей. Ісус побачив людей і змилосердився над ними.

Люди були втомлені та голодні, тому Ісус послав своїх учнів шукати їжу поблизу. Вони повернулися з 2 рибинами та 5 хлібинами. Ісус взяв хліб і попросив благословення в Бога. Він роздав їжу своїм учням, а ті почали роздавати людям.

Після Божого благословення п'ять тисяч людей були нагодовані чудесним хлібом і учні змогли зібрати залишків 12 корзин. Ось так Ісус зміг нагодувати 5000 людей.

СИЛА:
Господь має любов до Свого народу. Якщо ми готові розкрити свої переживання Ісусу, якими вони б не були, Він спроможний сотворити справжнє чудо.

Mark 6

One day, as Jesus and his disciples were on their way to a quiet place to get some rest, they were followed on foot by a large crowd. Jesus saw the people and had compassion towards them.

Jesus saw that they were tired and hungry, so he sent his disciples to look for food nearby, and they returned with 2 fish, and 5 loaves of bread. Jesus gave thanks for the food and lifted it up to Heaven. He blessed it and gave it to the disciples to give out to the crowd.

From the 5 loaves of bread and two fish, everyone was able to eat and there were leftovers enough to fill twelve baskets. This was how Jesus was able to feed 5000 people.

LESSON:
This shows the power and the love that the Lord has for His people. If we are willing to lay down our plans and worries to Jesus, no matter how little, He will be able to perform a miracle.

ІСУС ЗЦІЛЮЄ СЛІПОГО

Jesus Heals the Blind Man

Івана 9

Одного разу, коли Ісус і його учні мандрували, вони натрапили на сліпого від народження чоловіка.

Чоловік цей був сліпим, щоб Ісус міг зцілити його і показати людям Божу могутність.

Ісус зцілив чоловіка, втираючи бруд в його очі. Промивши очі водою, чоловік нарешті зміг бачити.

СИЛА:
Бог здатний зцілити. Ісус зцілив сліпого, як демонстрація Божої зцілювальної сили. Будучи живим на землі, він чинив діла Свого Отця, який послав Його.

John 9

As Jesus and his disciples were travelling one day, they came across a man who was blind since birth.

Jesus explained that God allowed this man to be blind as a demonstration of the works of God.

Jesus healed the man by rubbing mud into the man's eyes. When the man washed his eyes, he was finally able to see.

LESSON:
God is able to heal. Jesus healed the blind man as a demonstration of God's healing power. Jesus is the light of the world. While he was alive on the earth he did the works of His Father who sent him.

ПРИТЧА ПРО ЗАГУБЛЕНУ ВІВЦЮ

The Story of the Lost Sheep

Луки 15

В Ізраїлі була група людей, які називалися фарисеями. Вони були дуже обізнані про Слово Боже, але їм не подобалося, як Ісус їв з грішниками і навіть дозволяв їм йти за Ним.

Тоді Ісус розповів притчу, щоб допомогти фарисеям зрозуміти, чому Він так чинить. Ісус запитав їх: "Якщо пастух загубив одну вівцю зі ста, чи було б справедливо залишити іншу вівцю шукати зниклу? Пастух знає, що 99 овець могли б вижити разом без допомоги деякий час, але одна вівця не змогла б".

Отже, Ісус сказав, коли вівця знайдеться або повернеться, пастух буде святкувати. Так само, як Божа любов до кожного з нас. Вона настільки велика, що Він буде шукати кожного з нас і радіти, коли ми знайдемося – ось чому Небеса святкують, коли грішник кається.

СИЛА:

Як ми всі знаємо – всі люди здійснюють гріх. Але Господь ніколи не залишить нас. Його любов покриває всі наші гріхи, і поки ми каємося, ми можемо повернутися додому до Нього на небесах, тому що благодать Господня на нас.

Luke 15

In Israel, there was group of people called Pharisees, who were very knowledgeable about the word of God. However, the Pharisees did not like how Jesus would eat with sinners and even allow them to follow Him.

So, Jesus shared a certain parable to help the Pharisees understand why. Jesus asked them "If a shepherd lost one sheep out of a hundred, would it be fair to leave the other sheep to look for the missing one? A shepherd knows that the 99 sheep would be able to survive together without the help of the shepherd for a while, but a single sheep cannot survive on its own."

So, Jesus said that when a sheep is found or returns, the shepherd would celebrate. In the same way that God's love for each one of us is so great that He will search for each of us and rejoice when we are found. This is why the Heavens celebrate when a sinner repents.

LESSON:

As we all know; all humans perform sin. But the Lord has never, and will never abandon us. His love covers all our sins and as long as we repent, we can come home to Him in heaven, because the grace of the Lord is upon us.

РОЗП'ЯТТЯ І ВОСКРЕСІННЯ ХРИСТОВЕ

The Crucifixion and Resurrection of Christ

Матвія 27, 33-56

Одного дня воїни привели Ісуса до Понтія Пилата, тодішнього намісника. Він запитав Ісуса: "Ти цар юдейський?", а Ісус відповів: "Так, я". Пилат вислухав скарги людей, попри те, що Ісус не був винним. Він сказав первосвященикам, правителям і людям, що немає причини вбивати його. Однак люди рішуче вимагали покарання Ісуса, і, піддавшись тиску народу, Пилат дозволив людям учинити так, як вони хотіли.

Воїни змусили Ісуса одягнути старий царський одяг, поклали на Його голову терновий вінець і насміхалися з нього за те, що він називає себе царем юдейським. Вони змусили Ісуса нести хрест на спині аж на вершину гори, де прибили його до хреста і поставили на його голові знак із написом "Ісус з Назарету, Цар Юдейський".

Після смерті Ісуса воїни поклали його тіло в гробницю, забиту дуже великим каменем. Однак через три дні Марія Магдалина, послідовниця Ісуса, і Марія, мати Ісуса, відвідали його гробницю. Того дня стався великий землетрус, і вони побачили, що камінь на гробі Ісуса зник, а воїни знепритомніли.

До них прийшов ангел і сказав їм про добру новину, що Ісус воскрес із мертвих! Коли вони поверталися, Ісус зустрів їх і сказав їм: "Не бійтеся. Ідіть і скажіть моїм братам у Галілеї, що там вони мене побачать". Як Ісус обіцяв своїм

Matthew 27, 33-56

One fateful day, the soldiers brought Jesus before Pontius Pilate, the governor at the time. He asked Jesus "Are you the king of the Jews?", and Jesus replied "Yes, I am". Pilate listened to the complaints of the people but found Jesus to be innocent. He told the chief priests, the rulers, and the people, and told them that he had found no reason to kill him. However, the people strongly demanded that Jesus be punished, and giving in to the pressure of the people, Pilate allowed the people to get what they wanted.

The soldiers made Jesus wear an old royal robe and placed on his head a crown of thorns and mocked him for calling himself the king of the Jews. They made Jesus carry the cross on his back all the way to the top of a hill where they nailed him to the cross and placed a sign at its head that read "Jesus of Nazareth, King of the Jews".

After Jesus died, they placed his body in a tomb that was blocked by a very big stone. However, three days later, Mary Magdalene and Mary, the mother of Jesus, visited his tomb. On that day, a great earthquake happened and they saw that the stone to the tomb of Jesus was gone, and the soldiers had fainted.

An angel came to them and told them of the good news that Jesus had risen from the dead! On their way back, Jesus met them and told them "Do not be afraid. Go and tell my brothers to Galilee, there they will see me.", and just as Jesus promised to his disciples, he

учням, Він воскрес із мертвих на третій день після своєї смерті.

СИЛА:

Господь вірний Своїм обіцянкам і Своїм словам. Бог так полюбив світ, що Сина Свого Єдинородного віддав. Той, хто прийме віру в Нього, не буде покараний за свій гріх, а матиме вічне життя.

rose from the dead on the third day after his death.

LESSON:

The Lord is faithful to His promises and His words. For God loved the world so much, that He gave his one and only Son. Whoever chooses to believe in Him will not be punished for their sin, but will instead have everlasting life.

ОДКРОВЕННЯ

The Story of Revelation

Книга Одкровення

Одному з апостолів Ісуса на ім'я Іван було показано багато чудових речей про майбутнє. Йому було показано багато знаків і чудес, як страшних, так і чудових. Івану були показані Святе Місто, ангели, Нове Небо і Нова Земля.

У книзі Одкровення Ісус описується як могутній лев і ніжне ягня, яке було убито за наші гріхи.

Бог обіцяє, що імена тих, хто вірить у Нього, будуть записані в книзі під назвою "Книга життя Агнця". Ісус Христос повернеться, і ті, чиї імена є в "Книзі життя", проведуть з Ним вічність.

СИЛА:
Ця книга нагадує нам, що Ісус повернеться, і ми повинні бути готові до цього. У Бога є план щодо світу, і ми зможемо провести з Ним вічність, якщо наші імена будуть записані в "Книзі життя Агнця".

The Book of Revelation

One of Jesus's apostles named John, was shown many great things about the future. He was shown many signs and wonders, both scary and wonderful. John was shown the Holy City, the angels, the New Heaven, and the New Earth.

The book of Revelation describes Jesus as both a mighty lion and a gentle lamb who was slain for our sins.

God promises that those who believe in Him will have their names written in a special book called the Lamb's Book of Life. Jesus Christ will return and those whose names are in the Book of Life will spend an eternity with Him.

LESSON:
This book reminds us that Jesus is coming back and we should be ready for Him. God has a plan for the world and we will get to spend eternity with Him if our names are written in the Lamb's Book of Life.

RAISING BILINGUAL CHILDREN

www.RaisingBilingualChildren.com

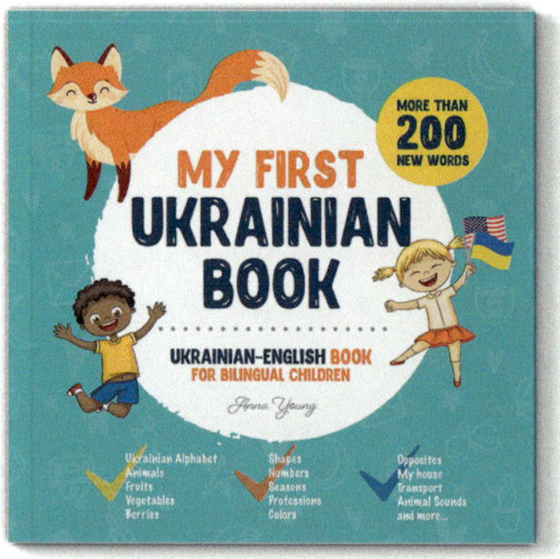

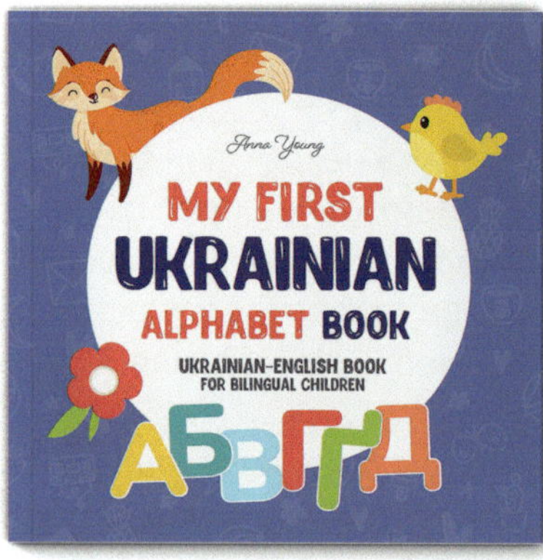

available on **amazon**

OUR OTHER UKRAINIAN-ENGLISH BILINGUAL BOOKS

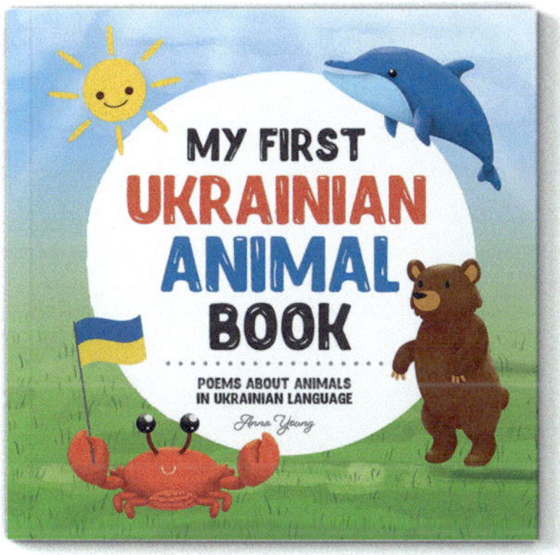

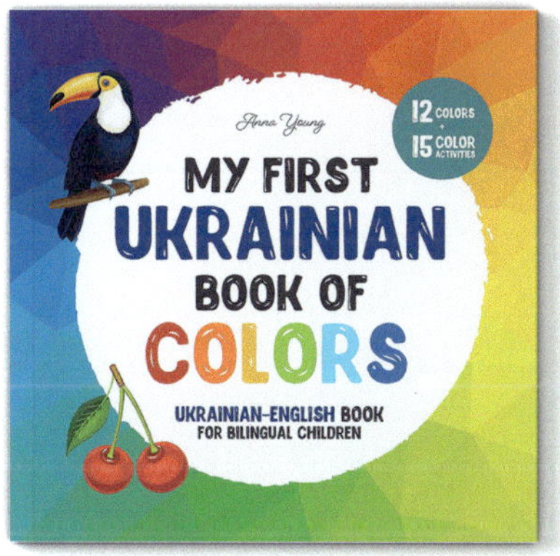

available on amazon

Thank you very much

It would be amazing if you wrote
an honest review on Amazon!
It means so much to us!

Questions?

Email us hello@RaisingBilingualChildren.com

Anna Young

www.RaisingBilingualChildren.com

Edition 1.0 - Updated on July 11, 2022

Printed in France by Amazon
Brétigny-sur-Orge, FR

12922946R00020